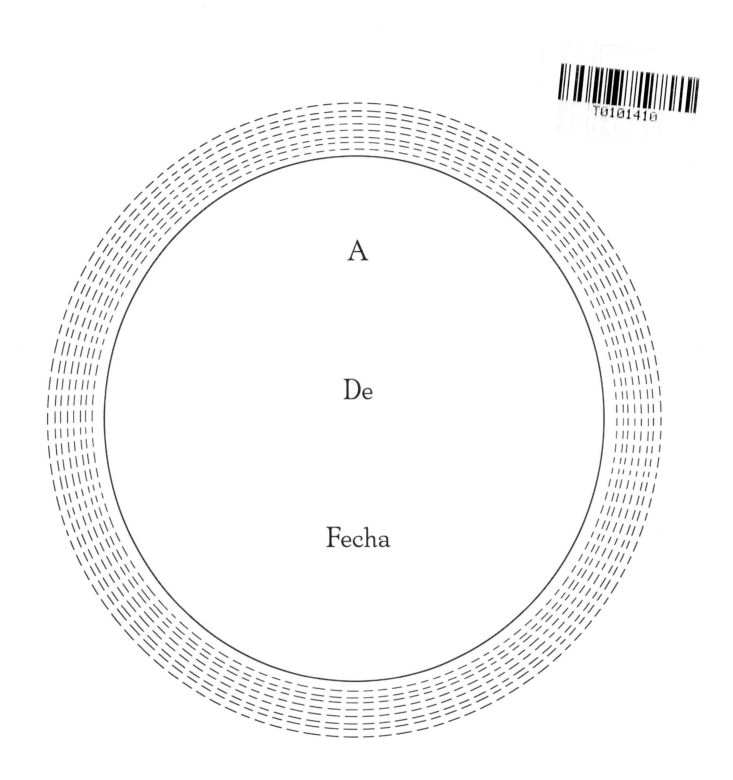

A

De

Fecha

TODAS LAS CRIATURAS DE NUESTRO DIOS Y REY

Libro para colorear

Todas las criaturas de nuestro Dios y Rey libro para colorear
© 2016 por Editorial Vida
Nashville, Tennessee, Estados Unidos de América

Originally published in English under the title:
All Creatures of Our God and King Coloring Book
Copyright © 2016 by Zondervan

Editora en Jefe: *Graciela Lelli*
Adaptación del diseño al español: *Grupo Nivel Uno*

ISBN: 978-0-829-76786-5

Impreso en Estados Unidos de América
Printed in the United States

16 17 18 19 20 ◆ 6 5 4 3 2 1

TODAS LAS CRIATURAS DE NUESTRO DIOS Y REY

Libro para colorear

Vida®

Todas las
CRIATURAS
de nuestro
DIOS y REY

Alcen su voz

Y CON
NOSOTROS
canten,
¡Aleluya!
¡Aleluya!

Tú, ardiente sol

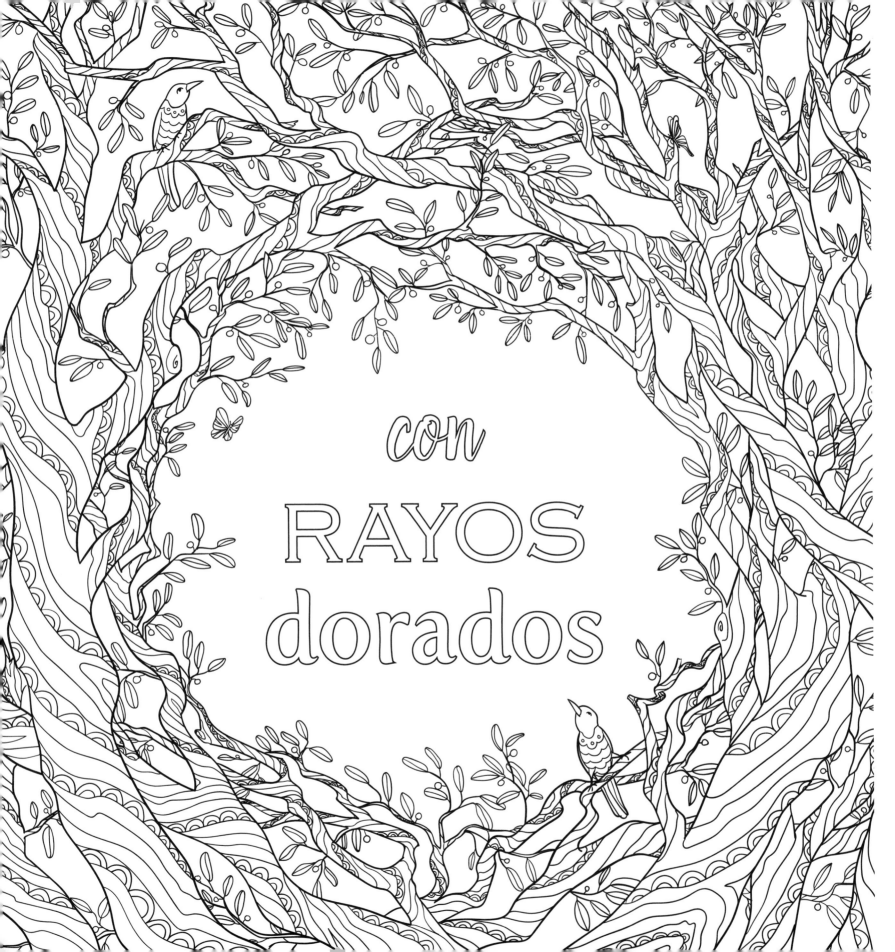

con

RAYOS

dorados

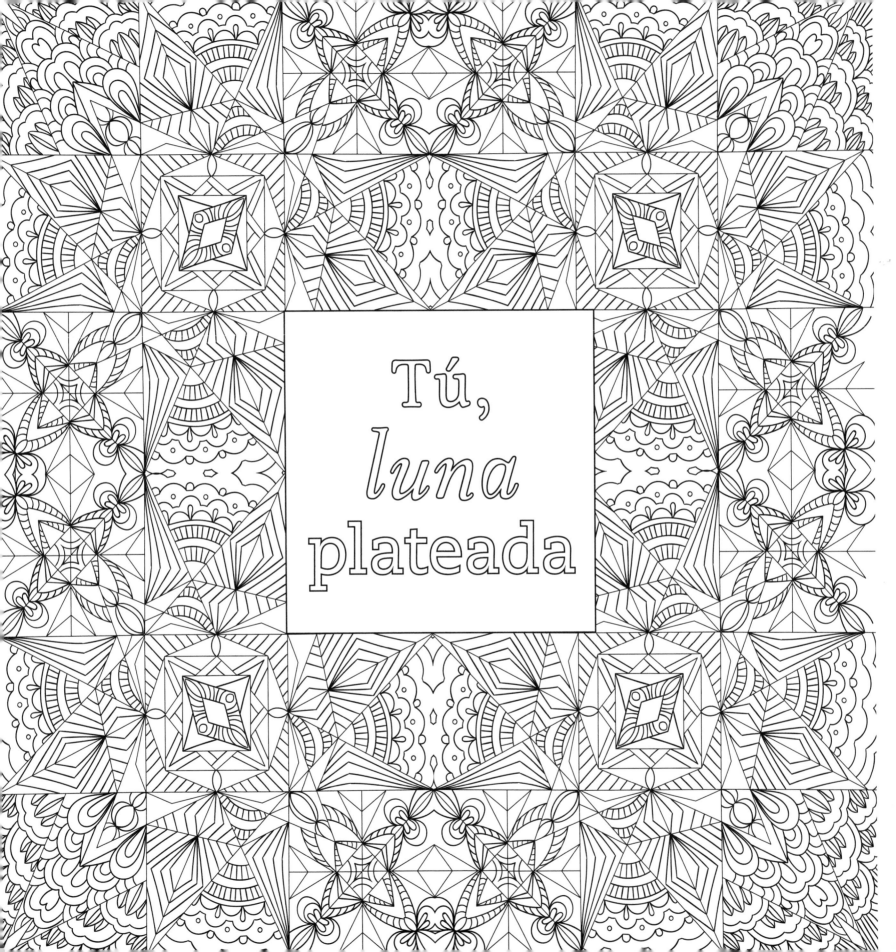

Tú,
luna
plateada

¡Oh ALÁBENLO!
¡Oh ALÁBENLO!

TÚ, viento recio

Ustedes, NUBES que *navegan*

POR LOS
cielos

¡Oh ALÁBENLO!
¡Aleluya!

Tú,
LUNA
creciente

en
ALABANZA
regocíjate

Y ustedes, LUMBRERAS de la noche

¡encuentren su VOZ!

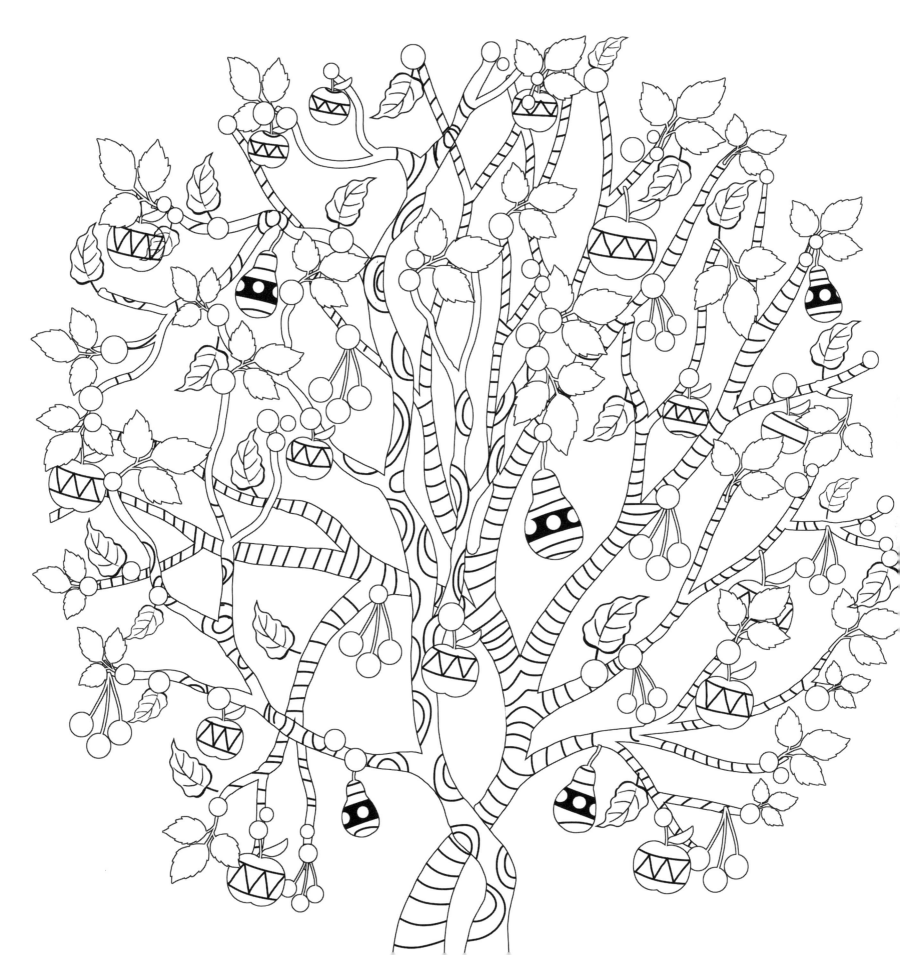

¡Aleluya! ¡Aleluya! ¡Aleluya!

pura

y

clara

¡Oh ALÁBALO! ¡ALELUYA!

Tú, FUEGO

tan
MAGISTRAL
y
RADIANTE

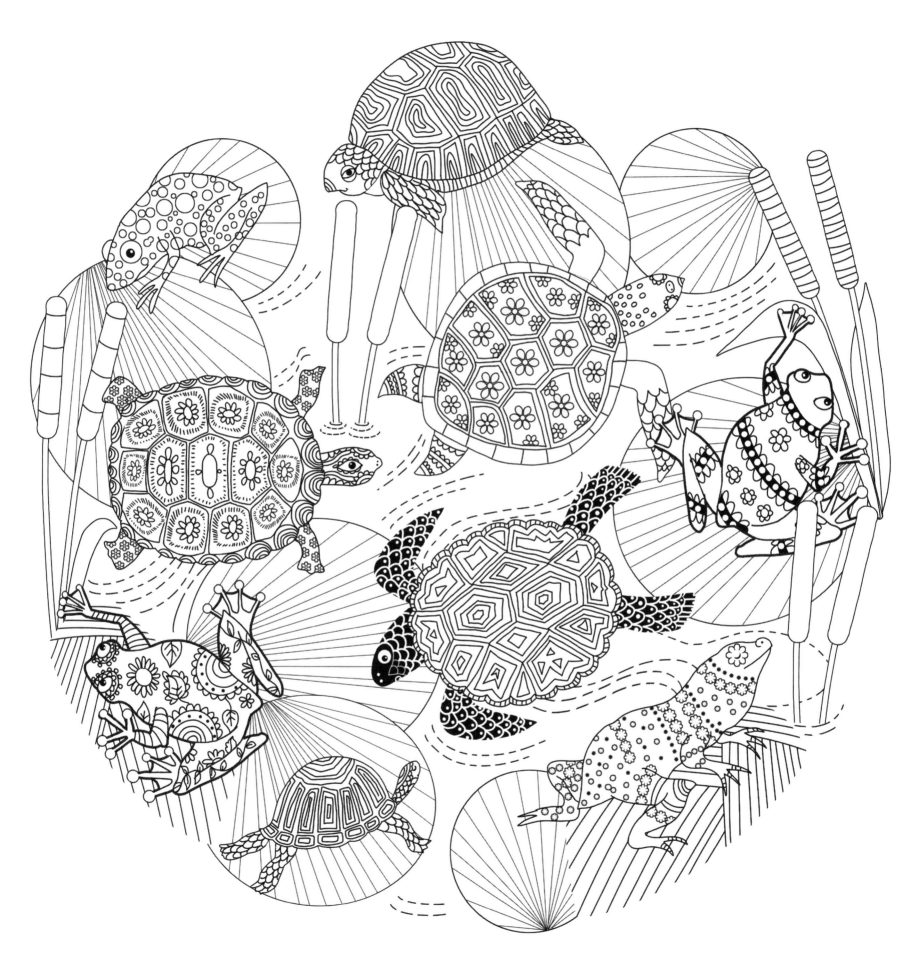

PROVEES
a los hombres

la LUZ
y el
calor

Amada *madre* tierra,
quien día *tras* día

Despliega
BENDICIONES
en nuestro
ANDAR

¡Oh alábalo! ¡ALELUYA!

Las *flores* Y LAS frutas que crecen *en ti*

¡Aleluya! ¡Aleluya! ¡Aleluya!

Todas *las* cosas bendigan *a su* CREADOR

¡Oh alábenlo! ¡ALELUYA!

¡ALABEN, alaben al PADRE, alaben al HIJO!

¡ALABEN al Espíritu, Tres en Uno!

¡Oh ALÁBENLO! ¡Oh ALÁBENLO!

¡Aleluya!
¡Aleluya!
¡Aleluya!